# HAPPY SLOW COOKING 2

## *100 RICETE*
## *ADATTE ALLA SLOW COOKER*

**Di   FABIO IACONO**

Prefazione di Fabio Iacono

Testo di introduzione alle tecniche della slow-cooker e del sottovuoto a cura di Fabio Iacono

Ricette a cura di Fabio Iacono

Distributore LuLu. Com

ISBN 978-1-326-36741-1

## SOMMARIO

## INDICE DELLE RICETTE

*Alla mia famiglia.....*

## Prefazione:

In seguito al moderato successo del primo Happy Slow Cooking, in molti mi hanno scritto richiedendomi di scrivere un libro di sole ricette per la Slow Cooker.

Ricette anche semplici per casalinghe, che poco tempo hanno da dedicare alla cucina di una volta.

Ricette anche più complicate per i più coraggiosi.

Per cui ecco il secondo libro, nessuna introduzione ma solo tante ricette da provare e gustare.

Ricette nuove e alcune importate dal primo libro.

Viste, inoltre, alcune critiche al primo libro, per alcune lacune, ho cercato di integrare le ricette con pesci, legumi e verdure, sperando di accontentare quanti più possibile.

Purtroppo, non posso soddisfare chi ha criticato indicando che nel primo libro mancavano ricette di pasta.

Non è possibile cucinare la pasta nella slow cooker, a meno che non si voglia ottenere un risultato non ottimale.

Nel libro, riporto solo brevemente, il metodo di utilizzo della slow cooker e ancora più brevemente il metodo della cucina sottovuoto abbinabile alla slow cooker.

Rimando, a chi volesse avere maggiori delucidazioni sulle tecniche dell'utilizzo della pentola al primo libro HAPPY SLOW COOKING.

Per cui chi non lo avesse comprato ha l'occasione di farlo.


Fabio Iacono

## La pentola slow cooker o crock-pot

La Slow cooker (o Crock-pot) è una pentola elettrica che ha come caratteristica principale quella di sobbollire gli alimenti, cocendoli in modo molto dolce e lento.

In questo modo si ottengo diversi vantaggi sia per il gusto sia per il loro valore nutritivo in quanto, gli elementi in essi contenuti cocendo a bassa temperatura si degradano molto meno rispetto ad una cottura più violenta.

La slow cooker prevede tre temperature di utilizzo; high (alta), medium (media) e slow (lenta). In alcuni modelli disponibile sul mercato, c'è anche la possibilità di programmare la cottura; la funzione Warm serve per mantenere i cibi al caldo una volta pronti.

La slow-cooker è molto adatta nelle preparazioni in cui è necessaria una cottura lenta e uniforme, come ragù, spezzatini, stracotti di carne, zuppe, verdure, fondute e legumi.

Durante la cottura bisogna evitare:

- Di aprire spesso il coperchio

- Di cuocere alimenti ancora surgelati, o comunque molto freddi.

- Gli sbalzi di temperatura, (per esempio aggiungere del liquido freddo mentre cuoce)

Tutte le ricette possono essere realizzate mettendo semplicemente gli ingredienti nella pentola, senza preparazioni preventive.

La pentola slow cooker però, nel caso della carne, non darà quel bel effetto colore dato dalla reazione di *Maillard*, perciò se volete conferirlo al pollo, al manzo o al vitello sarà opportuno rosolarli brevemente in una padella prima di cuocerli nella Slow cooker.

**Tutte le vostre ricette abituali possono essere adattate alla pentola Slow Cooker, riducendo di circa 1/3 i liquidi e considerando per 15 minuti di cottura "normale" circa 2 ore su temperatura "low" o un'ora su "high"**

Non occorre per cui un ricettario ad hoc per la Slow Cooker, ma si può benissimo adattare alla logica della cottura lenta le preparazioni che normalmente si creano a casa.

Vediamo in generale, le pietanze più adatte alla cucina "lenta".

*La carne:*

Sono adatti i tagli più economici e meno pregiati sia della carne bovina (Fesone di spalla, Fusello, copertina di spalla, polpa di spalla o brione, coste della croce, reale, biancostato, pesce...) sia della carne suina (lombate, stinco, spalla) perché la lunga cottura li rende morbidi sugosi.

*Le verdure:*

Le verdure vanno tagliate in pezzi piccoli, possibilmente regolari, per garantire lo stesso grado di cottura. Le verdure cotte a basse temperatura sono superbe in termini di consistenza, colore e sapore.

*Crostacei e molluschi:*

Questi cotti ad alte temperatura diventano coriacei, la bassa temperatura garantisce che polpi, astici, seppioline, calamari restino tenerissimi.

*Pesce:*

Cuocere il pesce esige molta abilità. Con la bassa temperatura le carni del pesce non soffrono rosolature per cui mantengono un sapore ed un profumo impareggiabile.

*I legumi:*

I legumi risulteranno molto più digeribili e morbidi rispetto alla cottura normale.

Mentre per le altre cotture è preferibile utilizzare la temperatura low, per i legumi (messi a bagni da 6/12 ore) è preferibile impostare la temperatura su Hig.

*Varie:*

La pentola, può essere utilizzata anche per fondere il cioccolato, per la preparazione dello yogurt e creme, proprio perché mantiene una cottura uniforme e bassa al suo interno.

Infine, naturalmente, può essere utilizzata come bagno maria (utilizzo con i sacchetti del sottovuoto e non).

## Le tecniche del sottovuoto

Gli elementi necessari per la cottura sottovuoto in casa

1) la macchina sottovuoto.

2) Una pentola slow-cooker

3) I sacchetti di materiale plastico per la cottura fino a 140 °C

4) Una vasca con acqua e ghiaccio

Il procedimento per la cottura in sottovuoto è essenzialmente il seguente:

1) Preparazione del prodotto (pulizia, condimento)

2) Sigillatura dei succhi in padella, se si tratta di carne

3) Messa in sottovuoto del prodotto nei sacchetti plastici adatti

4) Cottura dell'alimento all'interno della slow-cooker riempita adeguatamente di acqua

5) Apertura del sacchetto e consumo immediato oppure abbattimento della temperatura dell'alimento

# **RICETTE**

## RISO BASE PER INSALATA

### Premessa

Anche se non sono molto promotore del riso preparato con la slow
  cooker , in questo modo è discreto come base per l'insalata di riso e
  come accompagnamento di piatti etnici.

Consiglio di utilizzare il riso parboiled oppure il Carnaroli (per il Basmati
  bisognerà aggiustare i tempi).

Per altre ricette, dove è previsto l'utilizzo del riso, quest'ultimo dovrebbe
  essere aggiunto al contenuto della pentola solo a fine cottura. Il riso
  lasciato a cuocere nella slow cooker per diverse ore, tende a
  spappolarsi e diventa insapore.

Il riso integrale deve essere messo nella pentola almeno due ore prima
  di spegnerla. Bisognerà aggiungere circa 350 ml di acqua o brodo
  per ogni 400 g di riso circa.

difficoltà bassa

Ingredienti

per 6 persone

400 g di riso, 1 tazza da latte di acqua fredda, sale q.b. , 1 cucchiaio di
  olio e.v.o.

Procedimento

Mescolare tutto nella slow cooker e cuocere per un'ora esatta su low.

**RISO INTEGRALE**

difficoltà bassa

Ingredienti

per 6 persone

400 g di riso integrale, 1 tazza da latte di acqua fredda, sale q.b. , 1
   cucchiaio di olio e.v.o.

Procedimento

Pulire e sciacquare il riso, versarlo nella slow cooker, aggiungere un
   pizzico di sale e l'acqua.
Cuocere per 2 ore su low.

# LEGUMI E VERDURE

## ZUPPA CON LE CIPOLLE ALLA FRANCESE

difficoltà bassa

Ingredienti

per 4 persone

gr.300 Pane bianco, gr. 80 gruviera grattato, 50 gr. parmigiano grattato, 3 uova frullate, 2 cipolle bianche, brodo di verdura circa ½ litro, ½ litro di latte

Procedimento

Tagliare a fette sottili le cipolle e stufarle in padella con poco burro e poco brodo.

Quando prendono colore, trasferire tutto in slow cooker.

Aggiungere il brodo rimanente ed il latte;fare cuocere per 2 ore su low.

Tagliare il pane a fette e arrostirtelo in forno per 5 minuti.

Collocare in una zuppiera il pane e conditelo a strati con le uova , il gruviera ed il parmigiano.

Versare sopra il brodo caldo di cipolle.

## ZUPPA DI CECI E BIETOLE

difficoltà bassa

Ingredienti

per 4 persone

400 g di ceci, una cipolla, un gambo di sedano, tre pomodori, ½ kg di bietole, 15gr di funghi, sale q.b.,olio extravergine d'oliva

Procedimento

Lasciare a mollo i ceci per 24ore.

Tritare e soffriggere in olio la cipolla, il sedano, le bietole, i pomodori pelati ed i funghi ammollati in acqua tiepida.

Sistemare il tutto nella slow- cooker, insieme a ceci ammollati, poca acqua salata e cuocere per 5 ore su temperatura high.

## ZUPPA DI VERDURE

difficoltà bassa

Ingredienti

per 6 persone

3 porri, 6 patate tagliate a dadi, 6 carote tagliate a rondelle, 6 rape rosse
tagliate a rondelle, 6 pastinache tagliate a dadini, 8 topinambur
tagliati a dadi, 8 fette di prosciutto affumicato tagliato a julienne, 1
litro e ½ di brodo, sale e pepe

Procedimento

Semplicemente inserire tute le verdure, il prosciutto, il brodo, il sale e
pepe all'interno della slow cooker.
Impostare su High e lasciare cuocere per 5 ore.

## ZUPPA DI ZUCCA E CASTAGNE

difficoltà media

Ingredienti

Per 6 persone

2 kg di zucca tagliata a pezzetti, 300 g di castagne cotte sottovuoto, ½ litro di latte, 350 ml di panna, 2 scalogni, sale, pepe, olio e.v.o., ½ bicchiere di marsala.

Procedimento

Nella pentola della slow cooker versare i pezzetti di zucca, lo scalogno tritato e le castagne.

Aggiungere il marsala e impostare sul low.

Cuocere per 1 ora.

Aggiungere l'acqua, il latte e la panna. Salare e pepare.

Cuocere su low per altre 4 ore.

## MINESTRONE ALLA GENOVESE

difficoltà media

Ingredienti

Per 4 persone

Fagioli g 200 - Fagiolini g 100 - 2 patate - 2 carote - Piselli g 150 - Fave g 150 - qualche foglia di cavolo - qualche foglia di bietola - 1 cipolla - 1 gambo di sedano - 2 pomodori - 2 zucchini - olio e.v.o. q.b. - 1 cucchiaio di pesto  - Funghi g 20 - Pasta (scucusun o bricchetti)

Procedimento

Mettere nella slow-cooker 1,5 litro e mezzo di acqua . Mettere su high. Quando calda,  salarla e unire i fagioli sgranati, i pomodori pelati e strizzati, una patata intera e tutte le altre verdure tagliate a pezzi.

Aggiungere l'olio e lasciare cuocere per 6 ore. Togliere la patata, schiacciarla per rendere il brodo più denso, gettare la pasta e cuocere per un'altra ora (se si utilizza lo scucusun anche 1 ora e ½).

A cottura ultimata aggiungere il pesto.

## RIBOLLITA

difficoltà media

Ingredienti

per 4 persone

300 g di fagioli bianchi secchi, ½ cavolo nero, ½ cavolo cappuccio, 200 g di spinaci, 250 g di pomodori maturi, 400 g di pane casereccio raffermo, un osso di prosciutto oppure cotenne di maiale tagliate a coste, 1 patata, 1 cucchiaio abbondante di concentrato di pomodoro, 4 foglioline di salvia, una manciata di prezzemolo, 1 costa di sedano, 1 carota, ½ grossa cipolla, 2 spicchi d'aglio, timo, pecorino grattugiato, 2 l di brodo, 150 g di olio extravergine d'oliva, sale e pepe

Procedimento

Mettere a bagno i fagioli per circa 8 ore.

Metterne la metà nella slow-cooker con 1 litro e mezzo di acqua. Impostare su high e cuocere per 2 ore. Cuocere a parte in altra pentola l'altra metà dei fagioli fino a cottura.

In altra padella fate rosolare la cipolla tagliata a fettine nell'olio di oliva, aggiungete tutte le altre verdure tagliate grossolanamente ed i sapori e fate appassire piano per circa 10 minuti.

Trasferire nella slow-cooker tutte le verdure, aggiungendo i fagioli da parte dopo averli passati al setaccio.

Regolate sale e pepe e fate cuocere sul low per circa 5 ore. A questo punto aggiungete il pane tagliato a fettine, mescolate bene e fate andare su low per altri 30 minuti.

Lasciate riposare e servite in piatti di coccio con un filo d'olio extra vergine d'oliva.

## FAGIOLI LESSI BORLOTTI

difficoltà bassa

Ingredienti

per 4 persone

400 g fagioli borlotti, 20 ml di acqua, olio q.b., 3 foglie di salvia, sale

Procedimento

Mettere i fagioli in ammollo per 12 ore. Inserirli nella slow cooker con
tutti gli ingredienti. Cuocere per 7 ore su High.

## FAGIOLINI IN ERBA ALL'ARETINA

difficoltà bassa

Ingredienti

per 4 persone

400 g fagiolini, 1 spicchio d'aglio, 40 ml di sugo di pomodoro fresco,
olio, sale e pepe.

Procedimento

Spuntare i fagiolini e tagliarli in tre parti.Inserire in slow cooker con aglio
e altri ingredienti.  Cuocere per 2 ore su low.

## ZUPPA DI CICERCHIE

difficoltà bassa

Ingredienti

per 4 persone

1 cipolla, 1 costa di sedano, 1 pomodoro, 2 patate, 1 spicchio di aglio,
¼ litro di brodo vegetale, sale e pepe, un rametto rosmarino, 2 foglie
di salvia, 500 g di cicerchie secche, olio e.v.o. q.b.

Procedimento

Mettere in ammollo le cicerchie per almeno 20 ore, cambiando spesso
l'acqua. Scolate i legumi e sciacquateli. Preparare un trito di cipolla e
sedano mondare e tagliate a dadini il pomodoro e le patate.

Fare rosolare l'aglio a fuoco dolce in un paio di cucchiai di olio in
padella; quando saranno appassiti, eliminateli e aggiungete il
sedano e la cipolla.

Trasferire tutto nella slow cooker aggiungere le patate, i pomodori, il
brodo e la cicerchia, quindi aggiustate di sale e pepe.

Fate cuocere il tutto per circa 3 ore su low

Preparate un mazzetto aromatico legando insieme, con uno spago da
cucina, il rosmarino e la salvia, quindi aggiungetelo alla zuppa e
continuate la cottura per un'altra ora.

## ZUPPA DI LEGUMI

difficoltà bassa

Ingredienti

per 4 persone

1 cipolla, 1 costa di sedano, 1 carota, 1 cucchiaio di pomodoro
concentrato, 1 spicchio di aglio, ¼ litro di brodo vegetale, sale e
pepe, un rametto rosmarino, 1 foglia di salvia, 500 g di legumi misti,
olio e.v.o. q.b.

Procedimento

Mettere in ammollo i legumi misti per circa 8 ore, cambiando spesso
l'acqua. Scolate i legumi e sciacquateli.

Preparare un trito di cipolla, carota e sedano.

Fare rosolare l'aglio a fuoco dolce in un paio di cucchiai di olio in
padella; quando saranno appassiti, eliminateli e aggiungete il
sedano, la cipolla e la carota.

Trasferire tutto nella slow cooker aggiungere il pomodoro i legumi ed il
brodo, quindi aggiustate di sale e pepe.

Fate cuocere il tutto per circa 3 ore su low

Preparate un mazzetto aromatico legando insieme, con uno spago da
cucina, il rosmarino e la salvia, quindi aggiungetelo alla zuppa e
continuate la cottura per un'altra ora.

## LENTICCHIE PER CONTORNO

difficoltà bassa

Ingredienti

per 4 persone

400 g lenticchie, un mazzetto aromatico,  30 ml di acqua, olio q.b., sale

Procedimento

Mettere le lenticchie in ammollo per 2 ore. Inserire nella slow cooker
con tutti gli ingredienti. Cuocere per 3 ore su High.

## CREMA DI PATATE CON VERDURE

difficoltà bassa

Ingredienti

per 6 persone

Patate 600 g, Porri 100 g, Carote 100 g, Latte 500 ml, Burro 60 g, Sale
q.b. Pepe q.b. , erba cipollina, 300 ml di Brodo vegetale, 500 ml Olio
e.v.o. q.b, Timo fresco, noce moscata.

Procedimento

Private il porro della parte verde, tagliate la parte bianca, a metà
dividetelo e tagliate delle striscioline che poi ridurrete in quadratini.

Fate altrettanto con la carota e la patata

In Slow cooker mettete a scaldare il burro insieme all'olio, aggiungete il
porro, la carota e al patata. Chiudete il coperchio e lasciate cuocere
per 30 minuti su low.

Aggiungete il latte fino a coprire le patate, unite il  sale e il timo.

Coprite la pentola e cuocete per 2 ore su low. Passate tutto con frullino
ad immersione e riducete in purea. Allungare con il brodo vegetale.

Lasciate cuocere per altri 30 minuti, infine aggiungete una grattugiata di
noce moscata, aggiustate eventualmente di sale e pepe.

## FAGIOLI DALL'OCCHIO NERO

difficoltà bassa

Ingredienti

per 4 persone

200g di fagioli dall'occhio nero secchi, 1 cipolla bianca, 1 rametto di rosmarino, 100 ml di brodo di verdura, olio EVO, sale e pepe

Procedimento

Mettete i fagioli in ammollo per 14 ore.

Sbucciate la cipolla e tagliatela a mirepoix.

Sciacquate i fagioli sotto l'acqua corrente.

Mettete in Slow Cooker i fagioli e la cipolla.

Non inserite immediatamente il rosmarino poiché darebbe un gusto troppo amaro al piatto. Aggiungerlo a metà cottura circa.

Insaporite con sale e pepe macinato al momento. Condite con un filo d'olio e mescolate. Versate il brodo e coprite.

Fate cuocere per 2 ore a high o per 4 ore a slow

## ZUPPA DI VERZA E CAVOLO CAPPUCCIO

difficoltà bassa

Ingredienti

per 4 persone

1 fetta di prosciutto crudo, 1 cuore di verza 150 g, 1 cespo di cavolo
cappuccio viola 120 g, patate 100 g, rape 100 g, 1 carota, 1 cipolla,
1 scalogno, 1 stelo di sedano, 1 porro, mazzetto aromatico, 1 litro di
brodo di verdure

Procedimento

Pulire, sbucciare e lavare le verdure.

Tagliare le carote, le rape e le patate a dadini.

Tritare finemente la cipolla, lo scalogno, il porro e il sedano.

Tagliare la verza ed il cavolo cappuccio a listarelle.

Versare nella slow cooker il brodo e aggiungete le verdure il
prosciutto tagliato a piccoli pezzi e il mazzetto di erbe aromatiche.

Mettere il coperchio sulla pentola.

Cuocere su low per 5 ore.

Regolare infine di sale e aggiungere un filo di olio e.v.o.

## CREMA CON ZUCCA E PATATE

difficoltà bassa

Ingredienti

per 4 persone

Zucca pulita 500 g, patate sbucciate 500 g, latte scremato 500 ml, erba
   cipollina secca, noce moscata e sale q.b.

Procedimento

Mettere la zucca e le patate nella slow cooker.

Accendere su low e aggiungere il latte, l'erba cipollina e la noce
   moscata.

Regolare di sale e far cuocere per 3 ore.

A fine cottura ridurre tutto a purea con frullino ad immersione,
   aggiungendo all'occorrenza una noce di burro o un filo di olio e.v.o.

## MINESTRA DI VERDURE AL DRAGONCELLO

difficoltà bassa

Ingredienti

per 4 persone

Carote 50g, Finocchio pulito 30g, Zucchine 100g, 1/2 cipolla, Pomodori
180g, Concentrato di pomodoro 1cucchiaio, Olio e.v.o., Dragoncello
un pizzico, Acqua 200 ml. , sale e pepe, q.b.

Procedimento

Sbucciate le carote e private le zucchine dell'estremità. Riducete a
cubetti. Tagliateli a dadini la cipolla.

Eliminate la pelle dai pomodori e affettateli a cubetti.

Mondate e affettate il finocchio. Sistemate la verdura nella slow cooker.

Diluite il concentrato di pomodoro con l'acqua e aggiungerlo nella
pentola. Regolate di sale e pepe. Cuocere per 4 ore su low

Insaporite infine con il dragoncello sminuzzato a pezzetti.

## ZUPPA DI FAGIOLI E BROCCOLI PROFUMATA ALLO ZAFFERANO

difficoltà bassa

Ingredienti

per 4 persone

2 cipolle tritate, 120 ml brodo di verdura, 250 di pelati, 200 g di broccoli tagliati, 150 g di fagioli cannellini, peperoncino piccante, sale e pepe, zafferano una bustina (o pistilli).

Procedimento

Mettete la cipolla ed il brodo nella slow cooker.

Aggiungete i pomodori, schiacciandoli con una forchetta.

Versatevi i fagioli, e i broccoli, peperoncino, salate e pepate.

Cocete su high per 3 ore.

Infine mettere la bustina di zafferano e cuocete su low per altri 30 minuti.

## MINESTRA DI ORZO E FUNGHI

difficoltà bassa

Ingredienti

per 4 persone

1lt di acqua, 120 G di orzo perlato, 1 osso per brodo, 3 carote grosse
tritate, 1 stelo di sedano tritato, 1 cipolla tritata, 1 patata sbucciata e
tagliata a cubetti, timo in polvere, 50 g funghi freschi a pezzi, sale e
pepe

Procedimento

Inserire tutti gli ingredienti nella slow cooker tranne i funghi.

Cuocere su high per 1 ora e ½ .

Aggiungete i funghi e fate cuocere per altri 20 minuti. Salate e pepate.
Togliete l'osso.

**CREMA DI MAIS**

difficoltà bassa

Ingredienti

per 4 persone

500g di mais in scatola, 10 g di burro, 1 cipollotto, 4 dl di brodo, sale,
  pepe, prezzemolo.

Procedimento

Sgocciolate bene il mais conservando il liquido.

Scaldate il burro a fuoco medio in una padella antiaderente e fatevi
dorare leggermente la parte bianca del cipollotto sminuzzata.

Versare in slow cooker e unite il mais con il brodo.

Cuocere per 1 ora so low.

Mettete da parte 4 cucchiai di mais e frullate il resto.

Versate in due fondine calde e distribuite sulla superficie il mais tenuto
da parte, il prezzemolo tagliuzzato e un po'di pepe nero macinato al
momento.

## RISO IN CREMA E ZUCCA

difficoltà bassa

Ingredienti

per 4 persone

200g di riso, 300 g di polpa di zucca, 1 cucchiaio d'olio e.v.o., 1 cucchiaino di foglie di maggiorana tritate, 4 foglie di basilico tritate, 2 foglie di salvia tritate, 2 cucchiai di foglie di prezzemolo tritate, 2 cucchiai di parmigiano o grana grattugiato.

Procedimento

Scaldate l'olio in una casseruola con tutte le erbe.

Unite la zucca tagliata a dadini e lasciate insaporire per qualche minuto a fuoco moderato.

Trasferire nella pentola slow cooker e unite 700 ml di acqua.

Cocete su low per 40 minuti.

Versate il riso a pioggia e unite le erbe.

Lasciate cuocere per 50 minuti, quindi unite il formaggio, mescolate e lasciate riposare per qualche minuto prima di servire.

## CREMA DI PATATE E BASILICO

difficoltà bassa

Ingredienti

per 4 persone

4 Patate, ½ mazzo di basilico, ½ litro brodo verdura, sale e pepe, q.b. , olio e.v.o., ½ cipolla

Procedimento

Mettete nella slow cooker le patate, lavate e tagliate a pezzettini, con il brodo e la cipolla tritata.

Coprite e cocete su low per  3 ore.

Al termine aggiungere un filo di olio, regolate di sale e pepe e aggiungere il basilico sminuzzato.

## CREMA DI PORRI E ZUCCA

difficoltà bassa

Ingredienti

per 4 persone

2 porri, zafferano in stimmi un pizzico, 800 g di zucca, alloro, ¾ litro di brodo vegetale, olio e.v.o.

Procedimento

Tagliare i porri a fettine e farli appassire in una casseruola con un goccio di olio e poco brodo vegetale.

Versare nella slow cooker, aggiungere lo zafferano e cuocere su low per 20 minuti.

Tagliare la polpa della zucca a dadini e aggiungerla ai porri.

Fare cuocere per circa 1 ora, aggiungendo il brodo. Aggiustare di sale.

Aggiungere 1 foglia di allorO e cuocere per altri 30 minuti.

Lasciare riposare un'ora su warm.

Togliere le foglie d'alloro e frullare il tutto. Servire la zuppa calda con crostini di pane integrale e due cucchiai d'olio extra vergine d'oliva.

## VELLUTATA DI SPINACI

difficoltà bassa

Ingredienti

per 4 persone

700 g di spinaci, una cipolla, 300ml di brodo vegetale, 100ml di latte parzialmente scremato, un cucchiaio di farina, noce moscata un pizzico, sale q.b.

Procedimento

Lavare gli spinaci, asciugarli e passarli qualche minuto in padella con un goccio di olio.

Tritarli grossolanamente.

Tagliare molto sottile la cipolla e farla leggermente appassire in un tegame con un goccio di brodo vegetale.

Aggiungere la farina e fare imbiondire. Togliere dal fuoco.

Inserire tutto in slow cooker, versare sopra il brodo caldo. Unire gli spinaci tritati, aggiustare di sale e cuocere per 1 ora.

Aggiungere il latte, cuocere per altri 30 minuti.

Passare tutto nel frullatore ad immersione.

Aggiungere la noce moscata grattata.

## VELLUTATA DI PISELLI

difficoltà bassa

Ingredienti

per 4 persone

500 g di pisellini freschi, 30 g di erba cipollina, ½ litro di latte
parzialmente scremato, ¼ di litro di acqua, sale q.b.

Procedimento

Sgusciare i piselli e tritare l'erba cipollina.

Versare nella pentola slow cooker il latte e l'acqua, buttare i piselli e
l'erba cipollina e fare cuocere per un'ora su high.

A metà cottura salare.

A fine cottura frullare il tutto utilizzando un frullino ad immersione.

Mentre la minestra cuoce fare abbrustolire in forno quattro fette di pane
carré e poi tagliarle a dadini.

Servire la vellutata con poco olio e.v.o. e con i crostini a parte

## VELLUTATA DI POMODORO

difficoltà bassa

Ingredienti

per 4 persone

550 g di pomodori, 3 steli di sedano, 2 patate, 20 g di fecola di patate, ½ peperoncino tritato, ½ litro di brodo vegetale, 1 bicchiere di latte scremato, basilico, ¼ di cipolla, sale, mezzo cucchiaino di zucchero.

Procedimento

Scottare i pomodori in acqua bollente, pelarli e porli in un grande recipiente di coccio.

Lavare il sedano e tagliarlo in rondelle sottili. Lavare le patate, sbucciarle e tagliarle a dadini.

Unire il sedano e le patate ai pomodori, aggiungere un cucchiaino di sale, mezzo cucchiaino di zucchero, la fecola di patate e il peperoncino, e versare tutto nella pentola slow cooker.

Cuocere su low. Dopo 2 ore unire il brodo, il latte ed un trito preparato con la cipolla. Lasciar cuocere per altri quaranta minuti.

Passare tutto con frullino ad immersione. Aggiungere le foglie di basilico spezzettate e poi mettere in tavola.

## MINESTRA DI VERDURINE E LEGUMI

difficoltà bassa

Ingredienti

per 4 persone

1 litro di brodo di verdura, 150 g di carote, 150 g di fagiolini verdi, un pugno di piselli freschi, un mazzo di asparagi, un mazzetto di prezzemolo, sale

Procedimento

Tagliate le carote a dadini,

Spuntate i fagiolini alle estremità per eliminare gli eventuali fili e pulire gli asparagi, separando gambo da punte, dopodiché tagliate a pezzettini.

Inserire tutte le verdure e legumi nella slow cooker.

Unire il brodo.

Cuocere su high per 3 ore.

Spolverizzate con il prezzemolo tritato e servite.

## CREMA DI ZUCCHINE E TACCOLE PROFUMATA AL BASILICO

difficoltà bassa

Ingredienti

per 4 persone

8 zucchine, 1 scalogno, 1 cipolla, ½ kg di taccole, sale, pepe, olio
e.v.o., 1 lt di brodo vegetale, 20 g di parmigiano, qualche rametto di
timo, 4 foglie di basilico sminuzzate.

Procedimento

Preparate il brodo vegetale (con verdure fresche).

In una padella molto larga fate appassire a fuoco lento lo scalogno
tagliato molto sottile, unite le zucchine tagliate a rondelle molto
sottili.

Mescolate bene per fare insaporire e poi bagnate con il brodo.

Trasferire nella slow cooker e cuocere per 1,5 ore su low.

Unite le foglioline di timo e passate il tutto al frullatore o con frullino
ad immersione.

Allungate ancora con un poco di brodo se necessario.

Pulire le taccole e tagliarle a pezzetti di 1 cm circa.

Aggiungere in slow cooker e cuocere per altre 2 ore sempre su low.

Aggiungete il parmigiano ed il basilico.

Servite la crema calda con un filo di olio e.v.o. e volendo con crostini
di pane.

# PESCE- MOLLUSCHI- CROSTACEI

## ZUPPA DI PESCE ALLA CERTOSINA

difficoltà media

<u>Ingredienti</u>

per 4 persone

500 gr. pesce per zuppa (fatevi consigliare dal vostro pescivendolo) ,
¼ di cipolla bianca, 1 stelo di sedano, prezzemolo q.b., olio e.v.o.
q.b. , 100 gr. di sugo di pomodoro.

<u>Procedimento</u>

Fare un battuto con la cipolla, il sedano ed il prezzemolo.

Mettere in una padella e soffriggere il battuto con poco olio. Versare
nella slow cooker insieme al pesce.

Versare ¼ litro di acqua nella slow cooker (tiepida).

Cuocere per 2 ore su high.

Passare la zuppa tramite colino cinese. Schiacciando bene i pesci,
per fare uscire tutti i succhi.

Rimettere il tutto nella slow cooker e cuocere per altre 2 ore su low.

Servire con dadi di pane fritto.

## CREMA DI CECI CON GAMBERI

difficoltà bassa/media

Ingredienti

per 4 persone

200g di ceci secchi, 200 g di code di gamberi, ½ spicchio d'aglio, 1 cipollotto piccolo, prezzemolo, olio e.v.o., sale, pepe nero, paprika.

Procedimento

Mettere i ceci in ammollo per 18/20 ore, dopodiché cambiate l'acqua, salate leggermente, unite il prezzemolo e inserire in slow cooker per 3 ore su high. Con circa 2 dl di acqua.

Sgusciate i gamberi, eliminando la vena intestinale e tagliateli in due per il lungo. Scaldate l'olio in una casseruola e fatevi soffriggere lo spicchio d'aglio leggermente schiacciato.

Togliete l'aglio e fate appassire nell'olio la parte bianca del cipollotto tritata. Versare nella pentola slow cooker.

Passare tutto con frullino ad immersione.

Unite le code di gamberi e lasciate cuocere per altri 15 minuti.

Servite con un pò di pepe e di paprika.

## BACCALA' MONTEBIANCO

difficoltà bassa

Ingredienti

per 4 persone

500 gr. di baccalà ammollato, olio e.v.o. 100 gr. , 100 gr. di panna
fresca, pepe q.b.

Procedimento

Pestare in un mortaio il baccalà e inserirlo nella slow cooker,
insieme alla panna.

Cuocere per 1 e ½ ora su low.

Dopo un'ora versare a filo l'olio e mescolare delicatamente.

Servire con tartufi neri, tagliati a fette sottili o con crostini fritti.

## SEPPIE IN UMIDO CON SEDANO RAPA E ASPARAGI

difficoltà media

Ingredienti

per 4 persone

7 etti di seppioline freschissime – 1 sedano rapa - 1 mazzo di asparagi - 200 g di pomodori pelati a pezzettini - mezzo bicchiere di vino bianco secco - un quarto di cipolla bianca - una costa di sedano piccola - olio d'oliva - sale e pepe

Procedimento

In una larga padella antiaderente mettere un cucchiaio di olio e far rosolare leggermente la cipolla ed il sedano tritati. Aggiungere le seppioline ben lavate ed asciugate, e a fiamma vivace rosolarle.

A parte mondate e tagliate il sedano rapa a rondelle e gli asparagi in 3 o 4 parti a seconda della grandezza. Travasate le seppie nella Slow-cooker, il pomodoro, il vino, mescolate il tutto e accendere sulla modalità LOW; mettere il coperchio e cuocere per 2 ore.

Passate le 2 ore aggiungere togliendo e riposizionando il coperchio velocemente la parte del gambo dell'asparago più lontana dalle punte insieme al sedano rapa.

Lasciare cuocere per 1 ora. Infine aggiungere le punte degli asparagi e cuocere per 1 ora e mezza. Quando pronto regolate di sale. Aggiungere a piacimento un filo d'olio e qualche foglia di basilico tritato.

## BRANDACUJUN

difficoltà bassa

<u>Ingredienti</u>

per 4 persone

1kg di stoccafisso ammollato, ½ kg di patate, 1 spicchio d'aglio, alcuni
   rametti di prezzemolo, sale, pepe bianco , olio e.v.o. riviera ponente.

<u>Procedimento</u>

Tagliate a pezzi lo stoccafisso, adagiarlo in una pentola bassa piena di
   acqua fredda salata e posizionare sul fuoco; quando l'acqua
   raggiunge l'ebollizione abbassate la fiamma ed unitevi le patate
   pelate e tagliate in due. Lasciare cuocere per 15 minuti. Trasferire il
   tutto nella slow-cooker.
Cuocete per circa 2 ore. Scolate il tutto e lasciate intiepidire per poter
   schiacciare le patate e ripulire lo stoccafisso di pelle e lische,
   sminuzzandolo via via con le dita. Rimettete patate e stoccafisso
   nella slow-cooker, condite con sale e poco pepe bianco, unite il trito
   di foglie di prezzemolo e spicchi d'aglio ed abbondante olio
   extravergine d'oliva. Rimettete il coperchio alla pentola di cottura e
   cocete fino ad ottenere un composto omogeneo nel quale si
   possano tuttavia individuare le patate e lo stoccafisso. Servite caldo,
   ma non bollente, completando con una macinata di pepe ed un bel
   filo d'olio extravergine d'oliva.

## MOSCARDINI E PISELLI

difficoltà bassa

<u>Ingredienti</u>

per 4 persone

Moscardini 700 etti, 3 cucchiai d'olio e.v.o. , uno spicco d'aglio, rosmarino, un pomodoro, 200 g di piselli, una cipolla, un gambo di sedano, tre pomodori, sale q.b.,olio extravergine d'oliva

<u>Procedimento</u>

Lasciare a mollo i piselli per 18ore. Tritare e soffriggere in olio la cipolla, il sedano, i pomodori pelati. Aggiungere i piselli e trasferire in slow cooker.

Pulire e lavare i moscardini. Porli dentro la slow-cooker con l'olio, l'aglio, il rosmarino, il pomodoro pelato e privato dei semi.

Chiudere la pentola e cuocere per circa 5 ore su low.

## ZUPPETTA DI PESCE

difficoltà bassa

Ingredienti

per 4 persone

Pesce (cernie, rana pescatrice, seppie, sgombri) Kg 1, 2 filetti di acciuga, 20 g di pinoli, uno scalogno, una carota, stelo di sedano, 4 pomodori, ½ bicchiere di vino bianco, olio, sale e pepe, peperoncino

Procedimento

Tritare finemente lo scalogno, il sedano, ½ carota con un ciuffo di prezzemolo.

Soffriggere in olio, unire i pomodori pelati, tritati e privati dei semi ed i filetti di acciuga.

Pestare i pinoli ed unirli al soffritto.

Trasferire tutto nella slow-cooker, aggiungere i pesci interi o a pezzi (a seconda della grandezza), versare il vino bianco ed il peperoncino. Coprire e lasciare cuocere per circa 3 ore su low.

## GRANCHIO E GAMBERI AL SUGO BISQUE'

difficoltà bassa

Ingredienti

per 4 persone

Un granchio, 8 gamberi, 1 scalogno, burro qb, sale, peperoncino, brandy , 10 gr. farina di fecola, 3 pomodori pelati, brodo di pesce, ½ arancia

Procedimento

Cuocere in slow-cooker il granchio ed i gamberi per 30 minuti, una volta cotti privarli della polpa.

In un tegame, rosolare lo scalogno con il burro, insieme con il carapace dei crostacei; dopo alcuni minuti bagnare con il brandy, unire la farina e lasciare restringere un po'.

Mettere tutto in slow-cooker, aggiungere i pelati e lasciare cuocere sul low per 4 ore con aggiunta del brodo di pesce.

Una volta cotto il tutto passarlo con un passaverdura.

In un tegame mettere a rosolare il peperoncino, unire la polpa dei crostacei.

Fare cuocere per un minuto e aggiungere il sugo passato.

Lascio amalgamare per un altro minuto.

## BRANDADE

difficoltà bassa

Ingredienti

per 4 persone

700 g di baccalà dissalato, 700 cl di latte fresco, 1 spicchio di aglio, 2 patate medie, olio e.v.o. , succo di limone, sale pepe, 10 g di panna fresca

Procedimento

Mettere il baccalà dissalato nella slow-cooker, coprire con il latte, e fare cuocere per circa 1 ora su low.
Quando il pesce sara' cotto, metterlo in un contenitore, coprirlo con della carta pellicola e metterlo in un luogo tiepido.
Pelare le patate, tagliarle a pezzetti non tanto grosse, metterle in un pentolino e coprirle con il latte con cui abbiamo fatto cuocere il baccalà

A cottura finita, scolare e passarle in un passa-patate.

Mettere il baccalà e le patate in un contenitore abbastanza ampio per potere girare il contenuto , aggiungere l'aglio pestato e con un cucchiaio di legno iniziare a girare cercando di amalgamare gli ingredienti.

Incorporare l' olio poco alla volta girando sempre con il cucchiaio fino ad ottenere una crema.
Aggiustare con pepe e sale, succo di limone e alla fine la panna fresca.

## BAGNUN DI ACCIUGHE

difficoltà bassa

Ingredienti

per 4 persone

1Kg g di acciughe (alici) fresche, mezza cipolla, uno spicchio d'aglio, 500 g Polpa di pomodoro, olio e.v.o. , gallette di pane del marinaio, mezzo bicchiere di vino bianco della riviera di levante, sale q.b.

Procedimento

Pulire le acciughe eliminando testa, lisca e metterle da parte.

Tritare le cipolle, versare due o tre cucchiai d'olio in una piccola padella, imbiondire l'aglio in camicia quindi eliminarlo, versarci le cipolle e farle andare fino ad imbiondire. Trasferire tutto nella slow-cooker, aggiungere le acciughe pulite e la polpa di pomodoro e una presa di sale, versare quindi il bicchiere di vino bianco. Cuocere per 1 ora su low. Spezzare le gallette di pane e sistemarle al centro di due piatti, versarci quindi sopra la zuppa di acciughe e pomodoro ancora bella calda.

## AIOLI PROVENZALE

difficoltà alta

Ingredienti

per 6 persone

6 filetti di scorfano, 6 filetti di merluzzo, 2 carote, 2 zucchine, 3 fiori di
cavolfiore, ½ sedano rapa tagliato a rondelle sottili, 2 finocchi, 4
patate, 4 uova intere, timo, alloro, rosmarino, olio d'oliva, 10 g di
Fleur de sel di Guérande, 1 cucchiaino di Pastis, sale e pepe

Procedimento

Nella slow cooker versare 1 litro di acqua e aggiungere, il timo, l'alloro,
il rosmarino, il liquore ed il Fleur de sel.

Impostare la temperatura su HIGH e cuocere per 2 ore

Pelare le carote, tagliare a rondelle, pulire le zucchine e tagliarle.

Tagliare i finocchi in quarti. Inserire tutte le verdure nella slow cooker
e impostare su low, aggiungendo anche le uova tritate.

Cuocere per 2 ore.

Aggiungere il pesce e terminare la cottura per un'altra ora si low.

## CARPACCIO DI POLPO CON FINOCCHI LIME E GRANA PADANO

difficoltà media/alta

Ingredienti

per 8 persone

Polpo decongelato Kg. 3 - ½ porro - 1 carota - 1 gambo sedano - vino
bianco 200 ml - 100 g colla di pesce - olio e.v.o. - finocchi n° 3 -
100g grana padano stagionato (18/24 mesi) -lime 1

Procedimento

Mettere il polpo nella slow cooker con porro, carote e sedano tagliati a
dadi. Aggiungere il vino bianco e cuocere in low per circa 8 ore. A
cottura ultimata, lasciare intiepidire il polpo, privatelo della pelle
rossa senza eliminare le ventose. Metterlo ancora tiepido in una
terrina foderata con pellicola trasparente. Collocare, in circa 1 litro di
acqua del polpo filtrata, la colla di pesce ammollata. Versarla nella
terrina con il polpo.

Chiudete tutto, pressare con un peso il polpo e formate un blocco
compatto. Riponete in frigo per circa 10 ore. Toglierlo dallo stampo e
tagliarlo a fettine sottili. Con la mandolina tagliare i finocchi sottili.
Metterli a bagno per 2 ore in una bacinella con acqua e ghiaccio.
Dopodiché asciugate bene.

Disponete il carpaccio di polpo nei piatti con olio, adagiate sopra i
finocchi , scaglie di grana e scorzetta di lime. Decorate con aneto.

## SGOMBRO AL VINO BIANCO

difficoltà bassa

Ingredienti

per 6 persone

6 sgombri, ½ litro di vino bianco, 150 ml di aceto di vino bianco, sale
marino e pepe, 3 carote affettate, 1 cipolla, 1 spicchio di aglio tritato,
1 porro, 1 gambo di sedano tritato, timo, alloro, 1 cucchiaio di semi
di cumino, 1 chiodo di garofano, 1 cucchiaio di dragoncello

Procedimento

Versare il vino bianco e l'aceto nella pentola della slow cooker.

Aggiungere il contorno di verdure e aromi.

Impostare su Low e cuocere per 5 ore

Condire con sale e pepe gli sgombri precedentemente svuotati e lavati,
metterli delicatamente nel brodo e farli cuocere per 1 ora.

Conservare la pentola in frigorifero (una volta fredda) per una notte e
servire gli sgombri con la marinata ottenuta.

## ZUPPA DI PESCE ALLA LEVANTINA

difficoltà media

Ingredienti

per 4 persone

Pesce 1Kg (cappone, dentice, sarago, pesce prete, o altri), una cipolla piccola, un gambo sedano, un mazzetto piccolo di prezzemolo, una carota, 2 pomodori, un bicchiere di vino bianco, olio e.v.o. , sale, pepe, pane abbrustolito.

Procedimento

Tritare finemente i sapori, soffriggere nell'olio in padella, versare il vino e lasciare evaporare, aggiungere i pomodori pelati e privati dei semi; rosolare ancora per qualche minuto. Versare il tutto nella slow-cooker, coprire con ¾ di litro di acqua.

Lasciare cuocere per 30 minuti su High; aggiungere il pesce pulito e lavato, dando precedenza a quello con la carne più soda. Fare cuocere per 3 ore su low. Passare il tutto al setaccio e rimettere il composto nella pentola. Fare cuocere per un'altra ora. Versare sulle fette di pane abbrustolito o fritto.

## STOCCAFISSO IN UMIDO ALLA GENOVESE

difficoltà media

Ingredienti

per 4 persone

Stoccafisso bagnato g 600, 20 g di funghi secchi, due pomodori maturi, ½ carota, prezzemolo, stelo di sedano, ½ cipolla, 2 patate, olive gr 40, pinoli gr. 20, olio e.v.o., sale e pepe.

Procedimento

Rosolare nell'olio i funghi precedentemente ammollati insieme alla carota, il sedano, la cipolla ed il prezzemolo tritati. Aggiungere lo stoccafisso diliscato lavato e tagliato a quadrati.

Trasferire il tutto nella slow-cooker, unire i pomodori pelati e privati dei semi. Coprire salare e pepare e lasciare cuocere per 3 ore su Low. Successivamente pelare le patate, tagliarle, aggiungerle nuovamente nella pentola insieme a i pinoli e le olive. Continuare la cottura per 30 minuti.

## TOTANI CON BACCALÀ MANTECATO PANE CARASAU E BELGA CARAMELLATA

difficoltà media/alta

Ingredienti

per 6 persone

Totani puliti Kg 1,2 - Baccalà 400 grammi - 1 spicchio aglio - latte 40 ml - panna fresca 30 ml - patate g 400 - 1 cipolla bianca - 1 scalogno - vino bianco - olio e.v.o qb - pane carasau g 400 - 4 cespi di indivia belga, acqua q.b. - sale q.b., zucchero 100 grami

Procedimento

Tagliare a fette il baccalà. In una casseruola., soffriggere in poco olio e.v.o. aglio in camicia, scalogno e cipolla tritati; unire il baccalà. Bagnare con il vivo bianco, fate evaporare, incorporare panna e latte e portare ad ebollizione. Unire le patate tagliate. Inserire tutto nella slow cooker e cuocere per 4 ore su low.

Fare intiepidire il composto, frullare e trasferire in sac à poche.

Farcire i Totani, fissarli con spago da cucina o stuzzicadenti.

Spadellare a fuoco vivo per meno di 3 minuti. A parte in una padella antiaderente, cuocere la belga tagliata a strisce nell'olio, correggere di sale e aggiungere zucchero ed un goccio d'acqua.

Per il piatto mettere al centro la belga, i totani farciti e adagiarvi il pane carasau.

Condire con olio e aceto balsamico.

## CODA DI ROSPO ALLA ARMORICANA

difficoltà media

Ingredienti

Per 4 persone

1kg di tranci di coda di rospo in medaglioni, 1 lattina di polpa di
pomodoro, 50 ml di cognac, 100 ml di vino bianco, 1 cucchiaio di
concentrato di pomodoro, 1 scalogno affettato, 1 foglia di alloro, ½
cucchiaio di timo, ½ cucchiaio di estratto di brodo di pesce, ¼ di
cucchiaio di peperoncino in polvere, 100 ml di panna fresca, 20 ml di
olio d'oliva, sale e pepe

Procedimento

Versare l'olio in una padella antiaderente.

Aggiungere lo scalogno.

Cospargere con il brandy e il vino bianco. Versare la polpa di pomodoro
e il concentrato.

Versare tutto nella slow cooker, mescolare, quindi aggiungere il brodo
di pesce, il peperoncino, l'alloro e il timo.

Regolare di sale e coprire.

Impostare su low e cuocere per 3 ore. Aggiungere la panna.

Aggiungere le code di rospo e cuocere per un'ora su low.

## ORATA ALL'ACQUA PAZZA

difficoltà bassa

Ingredienti

per 4 persone

4 Orate fresche, sale, 4 pomodorini pachino, 1 cipolla rossa,
   prezzemolo, stelo di sedano, olive taggiasche, pinoli 40 g.

Procedimento

Pulire le orate e squamarle.

Mettere in slow cooker le orata con sale, i pomodorini tagliati in quarti,
   cipolla rossa tagliata a fette con mandolina, prezzemolo, sedano.

   Cuocere in slow-cooker per 40 minuti.

In padella tostare i pinoli senza aggiunta di grassi, aggiungere le olive
   ed il brodo di cottura del pesce.

Fare ridurre e versare sulle orate.

## CAPESANTE , TACCOLE CIPOLLA TROPEA E LIME
## (ricetta con sottovuoto)

difficoltà bassa

Ingredienti

per 4 persone

300 g di capesante, pepe, olio e.v.o. , timo, 250 g di taccole, 20 g
cipolla rossa tropea, scorza di lime , brodo vegetale, 30 g pomodori
concassèe, aneto per decorare.

Procedimento

Pulire le capesante, marinare con pepe , timo, lime e olio e.v.o.

Scottare in padella per 1 minuto per lato. Mettere in sacchetto per
sottovuoto e cuocere in slow-cooker per 15 minuti su low.

Rosolare in olio la cipolla rossa tagliata con mandolina, aggiungere le
taccole spuntate e sbianchite in acqua bollente, bagnare con brodo
vegetale e cuocere per circa 10 minuti.

Servire le capesante con letto di taccole e cipolle e decorare con
pomodoro concassèe marinato e poco aneto.

## INSALATA DI MOSCARDINI SU ORTAGGI CROCCANTI
**(ricetta con sottovuoto)**

difficoltà bassa

Ingredienti

per 4 persone

4 Moscardini, 2 zucchine,1 carota, olio e.v.o., senape, 1 lime, sale e
    pepe, ½ sedano rapa, ½ dikon (si trova nei mercati specializzati)

Procedimento

Pulite i moscardini e metteteli in slow-cooker. Cuocere per circa 30
    minuti su Low.

Abbattete di temperatura.

Tagliare con mandolina il dikon, le zucchine ed il sedano rapa.

Emulsionate il succo del lime (tenere da parte il lime), l'olio e mezzo
    cucchiaino di senape, aggiustando di sale e pepe. Tagliate i
    moscardini e condite il tutto, aggiungendo un po' di scorza di lime.

## SALMONE SU SALSA DI ASPARAGI E PATATE VIOLA
### (ricetta con sottovuoto)

difficoltà media

Ingredienti

per 4 persone

4 tranci di salmone, 1 spicchio d' aglio, Olio e.v.o. , 150 g di asparagi, coriandolo, noce moscata , 300 etti patate viola, noce di burro.

Procedimento

Marinare i tranci di salmone - in sacchetti per sottovuoto con lo spicchio d' aglio, un filo d' olio e coriandolo tritato per 1 ora circa – disporre in frigo.

Mettere i sacchetti in slow cooker con acqua sufficiente a coprire e cuocere per 30 minuti circa. Togliere dai sacchetti e rosolare il salmone per 1 minuto.

Pulire e spellare gli asparagi, tenere le punte. Cuocere gli asparagi in acqua bollente mentre le punte saltarle in padella con una noce di burro. Salare leggermente. Passare al frullatore gli asparagi, dopodiché passare al colino cinese. A parte cuocere le patate viola intere con la buccia. Una volta cotte, spellare, fare a dadini e saltare in poco olio e noce moscata. Servire con letto di crema di asparagi, punte a decorare, trancio di salmone e dadi di patate viola.

## CALAMARO CON POMODORI CONFIT E SALSA ALLO ZENZERO E CERFOGLIO

difficoltà alta

Ingredienti

per 4 persone

1 calamaro grande da 1 – 1,2 kg circa, 400 g pomodori freschi; olio
e.v.o. , timo, pepe, 1 limone bio, 20 gr zenzero fresco, 5 gr succo
di limone; 1 gr zucchero; 1 gr sale; gomma xantana o colla di pesce;
scorze di limone grattugiato, cerfoglio, 20 dl di brodo di pesce.

Procedimento

Pulire il calamaro togliendo anche la pelle.

Dividere il corpo dai tentacoli e cuocere in slow-cooker su low per 2 ore
con un filo olio e 20 dl di brodo di pesce.

Tagliare il calamaro a listarelle.

Sbollentare i pomodori, pelarli e tagliarli in quarti. Asciugare con un
panno pulito, condire con pepe ed il timo.

Ricoprire una teglia da forno con i pomodori, coprire con l'olio, quindi
cuocere in forno a 110° C per 2 ore. Scolare i pomodori e lasciarli
raffreddare.

Quando saranno freddi, tritarli al coltello, raccogliere la polpa in una bacinella, condire con sale, pepe e una grattugiata di scorza di limone.

Conservare.

Tagliare lo zenzero a fette e tostarlo in una pentola antiaderente. Raccogliere lo zenzero in un pentolino aggiungere acqua fredda e portare a ebollizione. Lasciar sobbollire per circa 15 minuti.

Lasciare in infusione per 2 ore, passare al colino cinese e raffreddare.

Aggiungere il succo di limone, il cerfoglio tritato, la scorza di limone, il sale e lo zucchero. Legare con la gomma xantana o colla di pesce calcolando 1 gr di prodotto ogni 100 gr di liquido.

Disporre nei piatti il calamaro e decorarlo con tutti gli ingredienti, la salsa e l'olio.

## POLPO SPEZIATO AL VINO ROSSO

difficoltà bassa

Ingredienti

per 4 persone

Un polpo almeno 1 kg, 2 carote, 1 scalogno, vino rosso 4 dl (Barbera fermo o toscano), fumetto di pesce 3 dl, 80 g guanciale affumicato (tagliato a cubetti), 1 chiodo di garofano, 1 bacca di ginepro, pepe nero.

Procedimento

Pulire il polpo e lavarlo.

Tagliare le carote e lo scalogno.

Mettere tutti gli ingredienti nella slow cooker e cuocere per 4 ore su Low.

## CACIUCCO ALLA LIVORNESE

difficoltà media

Ingredienti

per 6 persone

500 g di polpo, 500 g. di seppie, 300 g. di palombo (o altro pesce
   similare al trancio), 500 g. di pesce da zuppa (scorfano, gallinella,
   ecc.) 500 g. di crostacei misti (cicale, scampi, gamberi) 500 g. di
   cozze, 300 g. di pomodori pelati, aglio, salvia, peperoncino, odori da
   brodo (cipolla, carota, sedano), ½ bicchiere di vino rosso.

Procedimento

In una capace casseruola mettere uno spicchio d'aglio "in camicia", il
   peperoncino e il ciuffo di salvia nell'olio.

Quando l'aglio imbiondisce spruzzare con parte del vino rosso.

Togliere aglio, salvia e peperoncino e trasferire tutto nella slow cooker.

Inserire il polpo tagliato a pezzi, le seppie anch'esse a pezzi e versare il
   restante vino rosso.

Aggiungere i pomodori pelati e gli odori da brodo e i pesci da zuppa.

Cuocere per 3 ore su low.

Aggiungere i crostacei e il pesce a trancio, regolare di sale.

Cuocere per un'ora e a cottura quasi ultimata aggiungere le cozze.

## BRODETTO DI PESCE FANESE

difficoltà media

Ingredienti

per 6 persone

2 kg di pesce/molluschi e crostacei (Seppie 200 g, Calamari 200 g,
    Scampi 200 g, Gamberi 200 g, Pesce di mare spinarolo 300 g, Coda
    di rospo 250 g, Canocchie 200 g, Gallinella 150 g, Nasello 200 g
    Sogliola 300 g, Triglie 150 g, Olio e.v.o. 40 ml, Aceto di vino bianco
    30 ml, fumetto di pesce 300 ml, Cipolle tritata, Aglio 1 spicchio, pepe
    nero q.b. sale q.b. , pomodoro doppio concentrato 40 g

Procedimento

Pulire i pesci i molluschi ed i crostacei, tenendo i pesci più piccoli interi.
    In una padella, fate appassire la cipolla tritata in olio abbondante con
    uno spicchio d'aglio.

Sfumate con l'aceto di vino bianco e, una volta che l'aceto sarà
    evaporato, aggiungete il concentrato di pomodoro.

Trasferire tutto nella slow cooker, inserite i pesci e molluschi, a partire
    da quelli con cottura più lunga. Aggiungere il fumetto di pesce.

Unite infine i crostacei, le triglie e le sogliole. Fate cuocere per 1 ora su
    low quindi salate, pepate.

# CARNE

## MINESTRA DI CARNE

difficoltà bassa

Ingredienti

Per 4 persone

200 gr. vitello, 70 gr. prosciutto cotto grasso, 20gr. parmigiano
   grattato, 1 uovo, 100 gr. di passata pomodoro, pane 10 gr. , noce
   moscata, sale q.b. , 50 ml di brodo di carne

Procedimento

Tritare carne e prosciutto.

Fate un impasto con uovo e altri ingredienti.

Inserire nella slow cooker con il brodo e fare cuocere su low per 3
   ore.

Servite su pane tostato.

## ZUPPA ALLA STEFANI

difficoltà media

Ingredienti

per 4 persone

100 gr. cervello di vitella, 50 gr. di ragù di carne, 3 fegatini di pollo, 2 uova, prezzemolo e basilico q.b., succo di limone bio, burro q.b. , sale e pepe q.b.

Procedimento

Scottare il cervello per poterlo spellare e soffriggere nel burro con i fegatini, aggiungere il ragù di carne, sale e pepe.

Trasferire tutto nella slow cooker.

Fare cuocere per 2 ore su low.

A parte porre le uova in un pentolino, unire il prezzemolo ed il basilico tritati, il limone, sale e pepe e frullate il tutto.

Inserire nella slow cooker e lasciare cuocere per altri 20 minuti.

Servire su fette di pane tostato caldo.

## GULASCH DI MANZO

difficoltà bassa

Ingredienti

Per 6 persone

1 kg circa di sottopaletta o reale - 1 cipolla rossa, sedano e 2 carote
- 1 cucchiaio di paprika piccante - alloro sale e pepe q.b. – 300
ml di passata di pomodoro - 1 bicchiere di vino rosso - farina q.b.
– olio e.v.o.

Procedimento

Fare un trito di sedano, carote e cipolle.

Tagliare la carne a dadi ed infarinare leggermente.

Passare con un goccio d'olio in padella.

Mettere 1 cucchiaio di olio e.v.o. nella slow cooker, versare le
verdure, il vino rosso.

Fare cuocere su high per 30 minuti. Aggiungere la passata, il sale e
pepe, girare molto bene e cuocere per 7 ore su low.

## GUANCIA DI MANZO SOTTOVUOTO CON PURE DI PEPERONI

difficoltà media/alta

Ingredienti

per 4 persone

guancia di manzo 600 gr, 1 carota, 1cipolla, 1 stelo sedano, aglio, 30 g
di concentrato di pomodoro, 3 dl di vino nerello mascalese o cmq
vino siciliano, rosmarino, salvia, peperoni gialli n 2, 50 gr. burro,
sale, pepe, olio e.v.o.

Procedimento

Pulire, sbucciare e tagliare a pezzettini la carota, la cipolla il sedano e
l'aglio. Mettere le verdure in una pentola e aggiungere l'olio
extravergine di oliva. Cuocere il tutto per 3 minuti.

Riscaldare una padella antiaderente, salare e pepare la guancia di
manzo. Mettere in padella l'olio extravergine di oliva e iniziare la
cottura della guancia fino a quando non diverrà di un colore
marroncino.

Quando le verdure saranno ben colorite, aggiungere timo, un ciuffo di
salvia, alloro e rosmarino. Mettere tutto in slow cooker e cuocere per
8 ore su Low. Tenere il liquido di cottura e con l'aiuto di un colino
filtrarlo. Aggiungere un po' di amido di mais sciolto nell'acqua per
rendere la salsa ancora più densa. Prendere i peperoni , pulirli. Porli
in una pentolina e aggiungere poca acqua. A cottura terminata,
frullare con frullino ad immersione, aggiungendo dei piccoli fiocchi di
burro, sale e pepe. Impiattare ponendo alla base il purè ed adagiare
sul pure la guancia e completare con il fondo di cottura della guancia
di manzo.

## CONIGLIO IN UMIDO ALLA CACCIATORA

difficoltà bassa

Ingredienti

per 4 persone

Un coniglio, alloro, rosmarino, salvia, uno spicchio d'aglio, qualche
pomodoro, olio, burro, un bicchiere di vino bianco, una manciata di
pinoli, noce moscata, sale, 100 grammi di olive taggiasche.

Procedimento

Pulire e tagliare a pezzi il coniglio. Porlo in una casseruola, senza
grassi. Cuocere finché la carne avrà emesso acqua. Mettere nella
slow-cooker i sapori tritati, un goccio d'olio e l'aglio pestato e le olive.

Aggiungere il coniglio, aggiungere i pomodori pelati e privati dei semi.
Versare il bicchiere di vino ed infine i pinoli. Fare cuocere su low per
circa 4 ore.

## STRACOTTO DI VITELLA (per sugo)

difficoltà bassa/media

Ingredienti

per 4 persone

600 gr di vitella con osso, 50 g di carne secca 30 g burro, olio e.v.o. , ½ litro di barbera , funghi secchi 10 g, ½ litro di brodo di carne, 2 carote, 1 gambo sedano, salsa di pomodoro, 1 cipolla, rosmarino, alloro, sale e pepe, noce moscata.

Procedimento

In una padella antiaderente scaldate il burro e olio e rosolate bene la carne insieme alla carne secca a dadi.

Trasferire in slow-cooker; aggiungere il vino il brodo, le verdure a mirepoix, poca salsa di pomodoro, salare e pepare e aromatizzare con le erbe legate (mazzetto aromatico).

Versare il brodo; aggiungere noce moscata e cuocere per 7 ore su low.

Terminata la cottura, togliere la carne, passare le verdure al setaccio tenendo il sugo.

Fare ridurre il sugo e versare sulla carne dopo averla affettata.

## STRACOTTO ALLA BIZZARRA

difficoltà bassa/media

Ingredienti

per 6 persone

1 Kg di reale di manzo, 1 cipolla, 1 carota, ½ sedano, qualche grano di
   pepe, mazzetto aromatico (alloro, salvia, timo, rosmarino), olio e.v.o.
   burro, sale fino q.b., ½ bicchiere di marsala, farina q.b. , lardo
   tagliato spesso una striscia, brodo di carne 1 bicchiere.

Procedimento

Steccare la carne con il lardo. Salare e porre in slow cooker insieme
   alle spezie.

Cuocere in slow cooker per 7 ore.

Togliere dalla slow cooker, e passare in padella la carne tagliata a dadi
   con burro.

Sfumare con marsala, fare evaporare, aggiungere il brodo e poca
   farina.

## BRASATO AL PELAVERGA SU ARANCE CANDITE

difficoltà bassa/media

Ingredienti

per 6 persone

1 Kg di sottopaletta o reale di manzo, 2 bottiglie di pelaverga, 2 cipolle,2
  carote, ½ sedano, 1 chiodio di garofano, 1 pezzetto di cannella,
  qualche bacca di ginepro, qualche grano di pepe, mazzetto
  aromatico (alloro, salvia, timo, rosmarino), olio e.v.o. , burro, sale
  fino q.b. , 100 g di arance candite

Procedimento

In una boule mettere la carne e coprirla con 1 litro di vino.

Inserire 1 chiodo di garofano, 1 bacca ginepro, cannella, 1 carota,
  sedano, 1 cipolla.

Lasciare marinare in frigo per almeno 12 ore.

Dopo la marinatura, tenere da parte la metà del liquido e filtrarlo.

Buttare via le verdure.

Inserire la carne asciugata nella slow cooker, insieme alle verdure
  rimaste e le arance candite.

Aggiungere le erbe aromatiche, i chiodi di garofano, la cannella, le bacche di ginepro, i grani di pepe, un pizzico di sale.

In ultimo innaffiare il tutto con l'altro litro di vino ed il liquido di marinatura.

Fare cuocere per 6 ore.

Togliere le verdure, frullarle e mettere il sugo ottenuto nuovamente nella slow-cooker, continuando la cottura del brasato ancora per 1 ora e mezza.

Servire il brasato molto caldo, accompagnandolo con verdure come patate lesse o purea di patate, cipolline stufate, o con polenta.

## SPALLA DI MAIALE ALLA PAPRIKA PICCANTE

difficoltà bassa/media

Ingredienti

per 4 persone

700 g di spalla o di coscia di maiale, 2 peperoncini, 1 cucchiaio di semi
di coriandolo, ½ bastoncino di cannella, ½ cucchiai di concentrato di
tamarindo, 2 cucchiai di paprika, 2 cipolla, 50 g di burro, ½ tazza
yogurt

Procedimento

Tagliate la carne in cubetti di 2 cm circa. Tostate in padella i
peperoncini e la paprika. Macinate il tutto con i chiodi di garofano e
la cannella fino ad ottenere una polvere; incorporate il concentrato di
tamarindo e la cipolla tritata.

Unite le spezie così preparate alla carne e coprite con pellicola
trasparente. Fate marinare per un giorno, rigirando alcune volte.

Soffriggere nel burro le cipolle affettate. Unite la carne e rosatela.

Passate tutto in slow-cooker, incorporare lo yogurt e coprire di acqua.
Cocete per 4 ore su low.

## FRICASSEA DI PETTO DI VITELLA

difficoltà bassa/media

Ingredienti

per 4 persone

600 g petto di vitella (da latte), 50 g di burro, 5 g di farina, 2 dl di acqua calda, un mazzetto aromatico, succo di un limone, 2 rossi d'uovo, sale e pepe q.b.

Procedimento

Spezzettare il pollo lasciando le ossa. In padella fare sciogliere ½ del burro fino a renderlo nocciola; versare la farina e mescolare velocemente.

Unire l'acqua il mazzetto aromatico e versare tutto nella slow cooker.

Unire la carne, il resto del burro, pizzico di sale e pepe.

Cocete per 2 ore su low, dopodiché togliete il mazzetto aromatico e continuare la cottura per altre 2 ore.

A fine cottura, versare il tutto in piatto da portata o pirofila, unire i rossi d'uovo frullati insieme al limone.

## CARRÈ DI MAIALE CON PRUGNE E BIRRA ROSSA

difficoltà media

Ingredienti

per 6 persone

1 carrè di maiale, rosmarino, timo, sedano, carota, cipolla rossa, una
   birra rossa da 33 cl, 10 prugne denocciolate essiccate, 40 g burro,
   60 g zucchero , vino bianco, brodo di carne, olio e.v.o. , sale e pepe
   q.b.

Procedimento

Parare il carrè di maiale, legatelo con spago da cucina e riporre in
   pentola slow-cooker con le verdure tagliate a mirepoix e le erbe
   aromatiche.

Bagnate con la birra e cocete per 2 ore.

Dopo 2 ore unire le prugne e lo zucchero.

Continuare la cottura per altre 2 ore.

Trasferire in forno a 190°C per 20 minuti per formare una crosticina
   dorata.

Preparare la salsa a parte facendo ridurre il sugo della metà con
   aggiunta di brodo di carne.

## SPALLA DI MAIALE CON VERDURE

difficoltà bassa

Ingredienti

per 6 persone

1 spalla di maiale, rosmarino, 2 carote, 3 patate, 3 zucchini, 20 dl di
brodo di carne o gallina, olio e.v.o. , sale e pepe in grani q.b.

Procedimento

Rosolare la spalla di maiale in padella con poco olio. Inserire nella slow
cooker le zucchine, le carote e le patate tagliate a dadi.

Al di sopra delle verdure disporre il rosmarino e del pepe in grani.

Salare.

Trasferire la spalla, una volta rosolata, sopra le verdure e aromi.

Versare 20 dl di brodo di carne.

Cuocere per 8/10 ore su low.

Calcolare circa 2 ore di cottura ogni kg di carne.

## SPEZZATINO CON VERDURE
## (DEDICATA AI KIUKKOLI)

difficoltà bassa/media

Ingredienti

per 6 persone

900g spezzatino di bovino, 1 patata, 2 carote, 1 cipolla bianca, 1 costa di sedano, 1 rametto di rosmarino, ½ bicchiere di vino bianco secco, brodo di carne o vegetale, sale e pepe, farina q.b

Procedimento

Tagliare a pezzi tutta la verdura, dopo averle lavate e pelate.

Trasferire in slow cooker.

Infarinate lo spezzatino e passatelo velocemente in una padella antiaderente. Salare e pepare e trasferire anch'esso in slow cooker.

Versare poco brodo insieme al vino bianco.

Chiudete con il coperchio e fare cuocere per 8 ore su Low.

## STUFATO DI CARNE CON CARCIOFI

difficoltà bassa

Ingredienti

per 6 persone

600 g di carne di manzo tagliata a tocchetti, 4 carciofi, 400 g di
    patate, 2 carote, 1/2 gambo di sedano, 1 spicchio di aglio,
    ½bicchiere di vino rosso, 1 foglia di salvia, brodo vegetale ½
    bicchiere, olio evo, sale

Procedimento

Tritate finemente le carote e il sedano, fateli soffriggere assieme allo
    spicchio di aglio in una padella con olio e.v.o. Unite la  carne a
    pezzetti,  lasciatela rosolare quindi, unite il vino e lasciate evaporare

Pulite i carciofi e riduceteli a spicchi tuffandoli man mano in acqua
    acidulata con succo di limone per evitare che anneriscano.

 Pelate le patate, lavatele  e tagliatele a tocchetti.

Trasferire tutto nella slow cooker, versate  il brodo, unire la salvia,
    impostare su low e lasciare cuocere per 6 ore.

## ARROSTO DI MAIALE CON CRAUTI E TACCOLE

difficoltà media

Ingredienti

Per 6 persone

Arista o lonza di maiale da 1 kg - sale e pepe q.b. - 1 cipolla bianca
tagliata a rondelle - 300g di verza - 300 g di taccole - 2 cucchiai di
zucchero di canna grezzo - 100 ml di brodo di verdura - olio e.v.o.
q.b.

Procedimento

In una padella, a fuoco vivo, rosolare il maiale in modo da sigillare bene
i succhi interni.

Tagliare la verza dopo avere tolto le foglie esterne e dopo averla
mondata.

Spuntare le taccole e tagliarle in tre parti.

Mettere la carne nella slow cooker, sopra alle cipolle tagliate a rondelle,
alla verza e alle taccole. Versare il brodo di verdura, coprire la slow
cooker con il coperchio e lasciare cuocere l'arrosto a temperatura
alta (high) per 2 ½ ore, o a temperatura lenta (low) per 4 ore.

## ZUPPA DI PISELLI E SALSICCIA

difficoltà media

Ingredienti

Per 6 persone

1 kg di piselli, 2 litri di acqua, 2 salsicce da circa 100 g l'una, 1 cipolla
  tritata, 1 porro affettato, 2 carote tritate, ½ gambo di sedano tritato,
  timo fresco tritato, olio e.v.o. , sale e pepe

Procedimento

Mettere i piselli a bagno in acqua per 3 ore.

Nella pentola della slow cooker versare tutte le verdure tagliate, i
  piselli l'olio d'oliva e il timo.

Aggiungere l'acqua e le salsicce.

Impostare la temperatura su High e cuocere per 4 ore.

## COSCIOTTO DI CASTRATO CON TACCOLE E CIPOLLA ROSSA

difficoltà alta

Ingredienti

per 4 persone

2 cosciotti di castrato, olio e.v.o. , rosmarino, sale e pepe, timo, 1 costa di sedano, 1 carota, 1 cipolla rossa, 100 ml di brodo vegetale, 1 arancia, noce di burro, 200 gr. di taccole fresche, aceto balsamico.

Procedimento

Parare il cosciotto, salare e pepare e cuocere in slow cooker con carota, sedano, timo e rosmarino per 14 ore su low.

Sfilacciare la carne dopo la cottura, compattarla in teglia ed una volta fredda ricavare dei rettangoli.

Tagliare con mandolina la cipolla rossa di tropea. Marinare per 2 ore in olio, arancia, sale e zucchero. Pelare l'arancia, eliminando la parte bianca ricavarne il succo.

Con mixer ad immersione emulsionare il brodo vegetale, il succo di arancia il burro a circa 60 gradi.

Scottare le taccole in acqua bollente per 3 minuti. Raffreddare con acqua e ghiaccio. Tagliare e condire con aceto balsamico, sale, olio e.v.o. e pepe. Scottare i rettangoli in padella preriscaldata.Mettere le taccole alla base del piatto.

Aggiungere la cipolla la carne e filo di olio e.v.o.

## AGNELLO ALLE MANDORLE

difficoltà media/alta

Ingredienti

Per 4 persone

1kg sella di agnello - ¼ litro brodo - 80g olive verdi snocciolate - 80 g
   mandorle sgusciate - 30 g miele - 2 cipolle - busta zafferano in
   polvere - cumino pizzico - coriandolo fresco – olio - sale e pepe q.b.

Procedimento

Disossare la sella d'agnello. Tagliarla a cubi. In una teglia scaldate l'olio
   e appassitevi le cipolle tagliate a fette sottili. Mettere nella stessa
   teglia i pezzi di agnello. Rosolate per 5 minuti. Diluite il miele, lo
   zafferano, il cumino lo zenzero il sale con brodo. Trasferire tutto
   nella slow cooker, coprire e cuocere per 4 ore su low.

In una padella tostate le mandorle senza olio e unite le olive. Dieci
   minuti prima della cottura finale dell'agnello mettere olive e mandorle
   nella slow cooker.

 Servire cospargendo di coriandolo sminuzzato.

## CARRÈ DI MAIALE CON FAGIOLI PIATTONI

difficoltà media

Ingredienti

Per 4 persone

800 g di carrè disossato - 1kg di fagioli piattoni - 40 g bi burro - 50g di
pancetta – olio e.v.o. - 1 bicchiere di vino rosso - 1 cipolla - rametto
di rosmarino e salvia – 2 chiodo di garofano - 3 pomodori pelati -
sale e pepe.

Procedimento

Steccate la carne con i chiodi di garofano, sfregate con sale grosso
mescolato al rosmarino e salvia precedentemente tritati. Legate.
Tritate mezza cipolla, metterla in una casseruola con metà del burro,
metà olio e i grani di pepe. Disponetevi sopra la carne e fatela
rosolare da una parte e dall'altra. Bagnare con il vino rosso e
lasciate evaporare per metà. Trasferire nella slow cooker. Fare
cuocere per 4  ore su low. In una tegame a parte soffriggere nel
burro e olio avanzati la pancetta ed il resto della cipolla tritata.

Unite i pelati, un mestolo di acqua calda o di brodo di carne e cuocere
fino a quando il liquido è evaporato. Tagliare, dopo averli spuntati, i
fagioli piattoni a pezzi, aggiungerli nelle ultime due ore di cottura.

## LOMBO TONNATO

difficoltà media

<u>Ingredienti</u>

Per 4 persone

800 g. di lombo - 2 carote - 1 costa di sedano - 1 cipolla - 1 bicchiere di vino bianco secco - olio, sale e pepe in grani, 3 tuorli sodi - 3 cucchiaini di senape francese - 1 cucchiaio di aceto bianco - 3 acciughe - 200 g di tonno - 2 cucchiai di capperi - 1 bicchiere d'olio sale e limone

<u>Procedimento</u>

Legare la carne con spago e adagiatela nella slow cooker. Versatevi sopra il vino e coprire per ¾ con acqua. Aggiungere le carote tagliate a bastoncini la costa di sedano a pezzetti, la cipolla intera, un pizzico di sale, un cucchiaio di pepe in grani e uno d'olio.

Cuocere in temperatura low per 3 ore. Lasciare raffreddare la carne nel suo liquido, sgocciolatela e lasciatela in frigo con un peso sopra. Preparare la salsa: sbriciolate i tuorli d'uovo e amalgamate la senape , tre pizzichi di sale ed un cucchiaio di aceto. Ottenuta una crema omogenea cominciate a versare l'olio a filo. Alla fine insaporite la salsa con i capperi lavati, strizzati e tritati ed il tonno sminuzzato. Aggiungere le verdure di cottura passate al frullatore.

## SUGO DI CARNE (TOCCO alla GENOVESE)

difficoltà media

Ingredienti

Per 6 persone

Coscia di vitellone o sottopaletta g 800 - 1 cipolla - 1 gambo di sedano -
rosmarino un rametto - alloro 2 foglie - burro g 100 - olio q.b. -
midollo di bue g 50 - funghi secchi g 25 - 1 tubetto pomodoro
concentrato - 1 bicchiere vino rosso - brodo di carne – sale

Procedimento

Rosolare in padella (ad alta conduzione di calore - rame o alluminio)
con poco olio e midollo, la cipolla a quarti, il sedano, il rosmarino e
l'alloro

Unire la carne e sigillare bene tutti i lati.

Sciogliere nel vino il tubetto di pomodoro concentrato.

Aggiungere i funghi ammollati in poca acqua tiepida.

Trasferire tutto nella slow-cooker, aggiungere quasi a coprire la carne, il
brodo caldo. Cuocere su low per almeno 6 ore.

Quando pronto passare a setaccio il sugo, legarlo se serve con un
goccio di farina abbrustolita con burro (roux) e condire con ravioli o
taglierini all'uovo.

## FILETTO DI MAIALE CON FONDUTA AL RASCHERA E TARTUFO NERO.

difficoltà media

<u>Ingredienti</u>

per 4 persone

400 g di filetto di maiale, 50 g di lardo di colonnata, 30 g di tartufo nero, pepe, maggiorana, rosmarino, salvia, 150 g panna, 150 g maschera (o toma piemontese), 10 g di farina di fecola, brodo di carne, burro, olio e.v.o.

<u>Procedimento</u>

Mettere in un pentolino il brodo di carne, aggiungere la farina, il raschera e la panna.

Parare il filetto, aromatizzarlo con i sapori e scottarlo molto velocemente in padella con un goccio di burro. Legare con lardo di colonnata.

Cuocere nella slow-cooker per circa 1ora e 10 minuti.

Terminata la cottura. Servire con fonduta di raschera e tartufo a fette.

## ZUPPA DI TRIPPA ALLA GENOVESE

difficoltà media

Ingredienti

per 4 persone

4 crostoni di pane, 2 etti di trippa precotta, 100 ml di sugo di pomodoro, una manciata di parmigiano reggiano, brodo di verdura o carne, 2 patate lesse (cotte con buccia e poi pelate e tagliate a fettine).

Procedimento

Porre la trippa nella slow-cooker con il pomodoro e le patate e cuocere su low per 2 ore.

Porre in una fondina i crostoni di pane. Inzuppare nel brodo e cospargere di formaggio.

Versare nella fondina.

## TRIPPA ALLA GENOVESE

difficoltà media

<u>Ingredienti</u>

per 4 persone

Trippa 1Kg, grasso di vitello g 20, funghi secchi g 25, sugo di carne, vino bianco, olio e.v.o., una carota, una cipolla, stelo di sedano, foglia di alloro, prezzemolo, parmigiano, pinoli, sale e pepe

<u>Procedimento</u>

Rosolare nell'olio e grasso la carota, il sedano, la cipolla ed il prezzemolo tritati.

Aggiungere i funghi ammollati in acqua tiepida, la foglia di alloro, la trippa tagliata a strisce ed i pinoli pestati.

Insaporire il tutto e versare il sugo di carne.

Trasferire tutto nella slow-cooker, coprire e cuocere per 4 ore su Low.

## VITELLO TONNATO AL CAFFÈ

difficoltà bassa

Ingredienti

per 4 persone

800 grammi magatello di vitello, salsa maionese 250 ml., g 8 caffè macinato, g 20 capperi sotto sale, g 400 tonno sott'olio già sgocciolato, 4 filetti d'acciuga sott'olio già sgocciolato, sale e pepe., 30 gr di burro, olio e.v.o. q.b.

Procedimento

Salare e pepare il magatello, sigillare in una padella con poco burro e olio.

Passare in slow-cooker e cuocere per 4 ore su low.

Dissalare i capperi e frullarli insieme al tonno e alle acciughe.

Aggiungere questo composto alla maionese, profumare con la polvere di caffè.

## LOMBATA RIPIENA

difficoltà media/alta

Ingredienti

per 4 persone

1 Lombata da 8 etti, trito di vitello g 200, prosciutto cotto tritato g 150, g 75 di parmigiano reggiano, 1 uovo, sale e pepe, 40 g di burro, ½ bicchiere di marsala, ½ cipolla, 1 gambo sedano, 1 carota, 150 ml di brodo di carne.

Procedimento

Pulire e disossare la lombata, condirla con sale e pepe. Tritare tutto il composto e unirlo con l'uovo sbattuto, il parmigiano e regolare di sale e pepe. Spalmare la lombata con il ripieno e ripiegarla su se stessa. Cucire con ago e filo da cucina.

Passare la lombata in padella con il burro, quando sarà bene rosolata bagnare con ½ bicchiere di marsala.

Passare in slow cooker, unire la cipolla, il sedano e la carota tagliate a dadini. Unire il brodo.

Cuocere su low per 3 ore.

## LINGUA DI VITELLONE

difficoltà bassa

Ingredienti

per 4 persone

1 lingua di vitellone (ma anche di manzo), 1 costa di sedano, 1 carota, 2 scalogni, 2 bacche di ginepro, 4 grani di pepe nero, olio e.v.o., 50 dl di brodo di carne.

Procedimento

Lavare la lingua sotto acqua corrente.

Ridurre le verdure a mirepoix.

Introdurre la lingua nella slow cooker con tutti gli ingredienti, compreso un filo di olio.

Cuocere per circa 10 ore.

Condire con olio o salsa verde.

## POLLO ALLA BIRRA

difficoltà bassa

Ingredienti

per 4 persone

1 kg. di pollastro giovane (in alternativa 600/700 etti di petto di pollo), olio e.v.o. , peperoncino fresco, sale, pepe, rosmarino, salvia, timo, 100 ml di birra.

Procedimento

Tagliate e scartate le zampe e il collo del pollo, togliete le piume residue. Lavate e asciugate.

Tagliarlo lungo il petto, Apritelo e massaggiatelo con sale, poco olio nel quale avrete aggiunto del peperoncino tritato fresco.

Tritate i sapori e coprite. Mettere in slow-cooker. Cuocere per 3 ore e ½ circa su low.

Trasferire in pirofila con la birra e cuocere in forno a 240 °C per 30 minuti, fino a che la pelle diventi croccante.

## DADI DI POLLO AL MARSALA E ALBICOCCHE

## (DEDICATO AI COLLEGHI MA SOPRATTUTTO AMICI DEL MADAI...)

difficoltà bassa

Ingredienti

per 4 persone

600/700 etti di petto di pollo, olio e.v.o. , sale, timo, 100 ml di marsala, 150 g di albicocche fresche o essiccate, bacca ginepro , pepe in grani.

Procedimento

Tagliate a dadi il pollo e porre a marinare in un recipiente per 2 ore coperto dal marsala, con la bacca di ginepro ed il pepe in grani.

Asciugare il pollo con ausilio di un colino o scola pasta, conservando il liquido della marinatura.

Massaggiare i dadi con il sale.

Mettere in slow-cooker aggiungendo il timo e le albicocche, pulite e ridotte a dadini. Aggiungere infine il liquido della marinatura.

Cuocere per 3 ore e ½ circa su low.

## DADI DI POLLO AILE PRUGNE E BIRRA ROSSA.

difficoltà bassa

Ingredienti

per 4 persone

600/700 etti di petto di pollo, olio e.v.o. , sale, 100 ml di birra rossa, 150
g di prugne fresche o essiccate, pepe in grani e cannella q.b.

Procedimento

Tagliate a dadi il pollo e massaggiare con il sale.

Mettere in slow-cooker aggiungendo le prugne, pulite e ridotte a dadini.

Aggiungere la birra il pepe e pochissima cannella in polvere.

Cuocere per 4 circa su low.

## INSALATA DI POLLO CON VALERIANA PISTACCHI E INFUSIONE DI FRAGOLE ALL'ACETO BALSAMICO
**(ricette con sottovuoto)**

difficoltà bassa/media

Ingredienti

per 4 persone

1Kg. di petti pollo interi (meglio con la pelle), 100 g di valeriana, 40 g di pistacchi, 20 ml olio alla vaniglia, 450 g fragole, 40 g zucchero, 20 ml aceto balsamico, 30 ml olio extra vergine d'oliva

Procedimento

Mondare e lavare la valeriana.

Tostare in padella i pistacchi. Mondare e lavare le fragole, mettere sottovuoto con lo zucchero e l'aceto balsamico. Mettere il pollo sottovuoto con l'olio alla vaniglia e sale. Mettere in slow-cooker e cuocere per circa 3 ore su Low.

Rosolare in padella a fuoco vivacissimo con poco olio il pollo, scaloppare e servire con la valeriana, l'infusione di fragole ed i pistacchi tostati.

## REALE O SCARAMELLA CON PERE E UVA

difficoltà bassa/media

Ingredienti

per 4 persone

700 g di scaramella o reale, 200 g pere, 100 g acini uva, ½ gambo
    sedano, ¼ cipolla, olio e.v.o. , sale e pepe

Procedimento

Salare e pepare la scaramella;

Sbucciare le pere e metterle intere nella slow-cooker con cipolla e
    sedano tagliati con mandolina. Aggiungere olio e.v.o. e la
    scaramella.

Cuocere per 6 ore su low. Aggiungere infine gli acini e continuare la
    cottura per 30 minuti.

## BRASATO DI SOTTOPALETTA AL NEBBIOLO

difficoltà media

Ingredienti

per 4 persone

800 g di sottopaletta (cappello del prete), mirepoix di verdure miste
  circa 100 g , maggiorana, brodo di carne, ½ l di vino rosso nebbiolo,
  sale, pepe, chiodo garofano, chiodo ginepro

Procedimento

Rosolare nell'olio il mirepoix di verdura con la maggiorana. In una
  padella a parte sigillare bene la sottopaletta con un goccio di olio.

Versare sia le verdure sia la carne nella slow cooker, aggiungere il vino
  e i chiodi (garofano e ginepro).

Cuocere so low per 6 ore.

## LINGUA DI VITELLO CON PURÈ DI FAVE SALSA VERDE E PRIMO SALE.
**(ricette con sottovuoto)**

difficoltà media/alta

Ingredienti

per 4 persone

2 lingue di vitello, 400 g fave fresche, aglio, alloro, 1 bicchiere vino rosso, prezzemolo 1 mazzetto, pane raffermo g 70 , 40 g formaggio primo sale o sardo fresco, 2 acciughe, 10 g capperi, aceto, olio e.v.o.

Procedimento

Mettere le lingue in 2 sacchetti per sottovuoto e cuocere in slow-cooker per 10 ore circa.

Preparare la salsa verde frullando gli ingredienti ed aggiungendo il formaggio primo sale.

Cuocere le fave in acqua salata per 8 minuti circa ed abbattere di temperatura.

Private della buccia esterna e frullare emulsionando con olio e poco brodo vegetale.

Pulite la lingua dalla pelle e tagliatela a fette.

Servire formando delle quenelle di purè di fave ed adagiare le fettine di lingua.

## LINGUA DI VITELLONE CON VERDURE E PESTO DI RUCOLA
**(ricetta sottovuoto)**

difficoltà alta

Ingredienti

per 4 persone

250 g di lingua di vitellone, 70 g brodo di carne, 80 g di brunoise di verdure, 100 g di rucola, 40 g parmigiano reggiano , 15 g, pinoli, 10 g noci,100 g di melanzane viola, 100 g di zucchine, 100 g di cavolo cappuccio viola, olio e.v.o. q.b., sale e pepe, 400 g di brodo vegetale, 2 g colla di pesce o Agar Agar.

Procedimento

Lasciare la lingua sotto acqua corrente per circa 3 ore, asciugarla, inserirla in un sacchetto sottovuoto con la brunoise di verdure ed il brodo di carne (se non possedete una sottovuoto a campana congelare il brodo di carne e successivamente inserirlo nel sacchetto).

Cuocere nella slow-cooker per circa 12 ore.

Tagliare le melanzane e le zucchine sottili con mandolina, dopo averle pelate. Pulire il cavolo viola.

Saltare molto velocemente le verdure in una padella antiaderente con un goccio di olio e.v.o. , salare e pepare.

Portare il brodo vegetale ad ebollizione, aggiungere la colla di pesce o l'agar agar e lasciare bollire per 2 minuti circa.

Preparare il pesto frullando tutti gli ingredienti, a parte il parmigiano, che andrà aggiunto successivamente.

Preparare una terrina con strato di brodo vegetale e verdure. Tra uno strato e l'altro spalmare un po' di pesto.

Abbattere di temperatura.

Servire la lingua sullo strato di verdure.

## SELLA DI CONIGLIO AL PECORINO DI FOSSA, CRUDO DI CINTA SENESE, CERFOGLIO E ASPARAGI

difficoltà alta

Ingredienti

per 4 persone

800 g di sella di coniglio disossata, 200 g prosciutto di cinta senese, 150 g di pecorino di Pienza, pepe nero, cerfoglio q.b. , prezzemolo, rete di maiale, battuto di lardo con rosmarino, 200 g di asparagi puliti, e.v.o. , sale , brodo vegetale.

Procedimento

Parare il coniglio, eliminare i nervi e batterlo leggermente.

Condire con il trito di prezzemolo e cerfoglio, pepe nero ed il battuto di lardo e rosmarino. Distribuire le fettine di crudo sul coniglio e intramezzare le fette di pecorino di fossa. Arrotolare ed avvolgere nella rete del maiale.

Legare con spago e cuocere in slow-cooker per circa 4 ore con il brodo vegetale ( 40 dl).

Pelare gli asparagi, inserirli nella slow-cooker e cuocere per un'altra ora.

## TAGLIATA DI FASSONA E SALSA CHIMICHURRI

difficoltà media/alta

Ingredienti

per 4 persone

500 g di scamone di fassona, sale, pepe, rosmarino, prezzemolo, peperoncino, aglio, paprica, origano, cumino, timo, coriandolo, limone , alloro.

Procedimento

Parare la carne, aromatizzare con rosmarino e passare in padella con olio su tutti i lati.

Cuocere in slow-cooker per 1 ora con 10 dl di brodo di carne.

Preparare la salsa chimichurri tritando finemente prezzemolo, peperoncino ed aglio, aggiungendo olio e sempre tritati fini, anche della paprica, origano, cumino, timo, coriandolo, limone ed alloro.

Levare la carne, tagliarla e servire subito con salsa chimichurri.

## FRICASSEA DI MUSCOLO DI VITELLA

difficoltà media

Ingredienti

per 4 persone

500 g di petto di vitella, 50 g burro, farina un cucchiaio, brodo carne 50 ml , 2 rossi d'uovo, ½ limone, mazzetto aromatico, 100 g di funghi freschi.

Procedimento

Spezzare il pollo lasciandolo con le ossa.

Rosolare il burro in una padella e quando comincia a liquefarsi, versate la farina, mescolando fino a quando non diventa color nocciola.

Versare poco alla volta il brodo.

Trasferire in slow cooker, unire il mazzetto aromatico e la carne.

Lasciare cuocere su low per 2 ore. Aggiungere i funghi tagliati a striscioline. Lasciare cuocere per ½ ora.

A cottura ultimata, versare a poco alla volta i rossi d'uovo, frullati con l'agro del limone.

## COUSCOUS ALLE VERDURE E CARNE

difficoltà media

Ingredienti

per 4 persone

4 cosce di pollo, 200 g di spalla di agnello tagliata a pezzi,  200 g di
    stinco di manzo tagliato a pezzi, 200 g di rape tagliate in quarti, 200
    g di carote tagliate a grosse rondelle, 150 g di sedano rapa tagliato a
    pezzi, 200 g di zucchine tagliate a rondelle, 1 carciofo tagliato in
    quarti, 100 g di patate tagliate in quarti, 50 g di fagiolini tagliati in
    sezioni, 50 g di ceci, 1 cipolla tritata, 1 cucchiaio di concentrato di
    pomodoro, 1 cucchiaino di cumino, 1 di zafferano, 1 mazzetto di
    coriandolo fresco, 1 litro di brodo di pollo, sale e pepe.

Procedimento

Mettere nella pentola della slow cooker i pezzi di carne e il pollame.

Aggiungere tutti gli altri ingredienti ad eccezione del coriandolo.

Impostare su low e cuocere per 5 ore. Prima di servire aggiungere il
    coriandolo tritato.

Come accompagnamento preparare del couscous con uva passa.

# VARIE

## BAGNA CAUDA
## (RICETTA DI ANDREA PINI CHE RINGRAZIO CALOROSAMENTE )

difficoltà bassa/media

Ingredienti

per 4 persone

2 teste d'aglio, 60 gr acciughe (pulite), 400 ml panna da cucina, 8 noci ,
    olio q.b.

Procedimento

Pulire aglio, eliminare l'anima e tagliarlo a fettine.

    Pulire le acciughe.

    Far bollire l'aglio nel latte per 5 minuti in una casseruola.

    Scolare bene.

    Mettere tutti gli ingredienti nella slow cooker.

    Fare cuocere su low per circa 2 ore e ½ aggiungendo poco alla
volta dell'olio.

    Al temine frullare il tutto e aggiustare ancora di olio.

## UOVA IN POCHE' SU SALSA DI PEPERONI GIALLA
## (DEDICATA A MICHELE E PAOLA)

difficoltà bassa/media

Ingredienti

per 4 persone

4 uova, pellicola trasparente, 1 peperone giallo, olio e.v.o. , sale, pepe.

Procedimento

Ungere la pellicola trasparente e porla in una ciotola.

All'interno della ciotola, coperta di pellicola, rompere delicatamente un uovo. Salare e pepare leggermente.

Chiudere la pellicola con spago da cucina e ripetere l'operazione per le altre tre uova.

Cuocere in slow cooker su low per 15 minuti.

A parte cuocere su fiamma il peperone, metterlo all'interno di una sacchetto di carta, dopodiché spellarlo.

Frullare il peperone con poco olio e sale.

Spiattare ponendo l'uovo (privato della pellicola) sopra la crema di peperone.

## UOVO CON CREMA DI BROCCOLO CON SALSA DI POMODORI SU PANE RUSTICO

difficoltà bassa

Ingredienti

per 4 persone

n. 4 uova, g 400 di broccolo, N° 4 pomodori, origano, g 20 olio e.v.o. , g 100 pane rustico, ml 10 Aceto bianco, Sale e pepe q.b. , 8 capperi dissalati

Procedimento

Cuocere le uova con il guscio in slow-cooker per 25 minuti. Mondare e lavare il broccolo, bollirlo, raffreddare in acqua e ghiaccio e frullarlo con l'olio e.v.o. Sbollentare i pomodori, privare dei semi e spellarli.

Frullarli con i capperi, l'aceto e l'origano. Porre la crema nelle ciotoline e rompere l'uovo che sarà cremoso. Nappare con la salsa e servire con il pane.

**FONTI**

Libri:

- PELLEGRINO ARTUSI, LA SCIENZA IN CUCINA E L'ARTE DI MANGIARE BENE, GIUNTI 2003
- CLAUDIO SADLER, MANUALE DELLO CHEF, GIUNTI EDITORE S.P.A. , 2013

SITI WEB E BLOG:

HTTP://WWW.DIRITTO.NET